ミラクルくまモン コレクション

モン・コレ製作委員会

JN005631

毎日新聞出版

ツイード
Tweed

和太鼓

Japanese drum performer

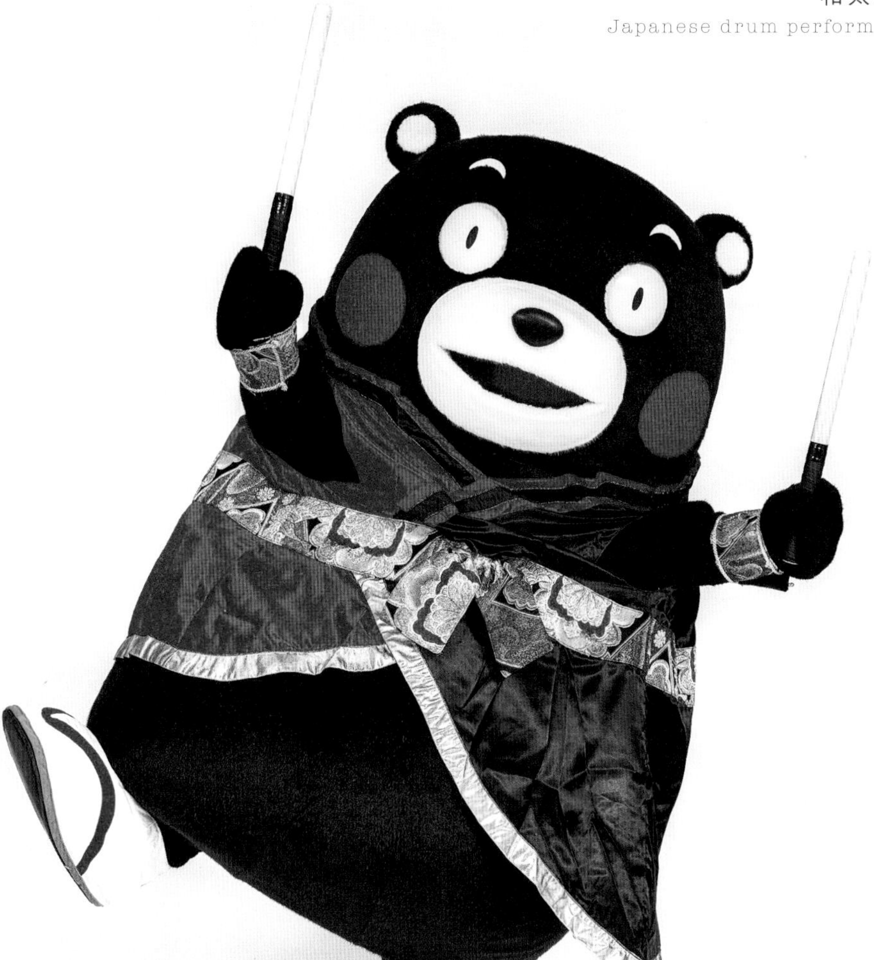

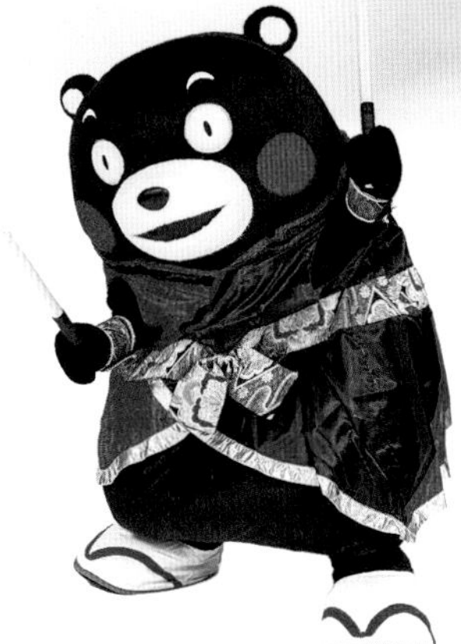

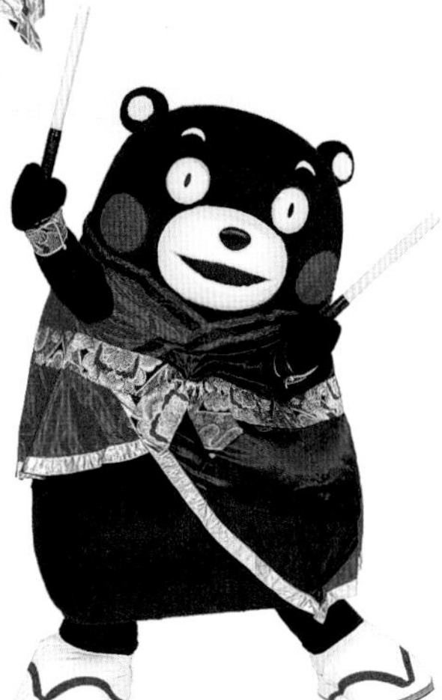

くまもとグルメタクシー

Taxi driver

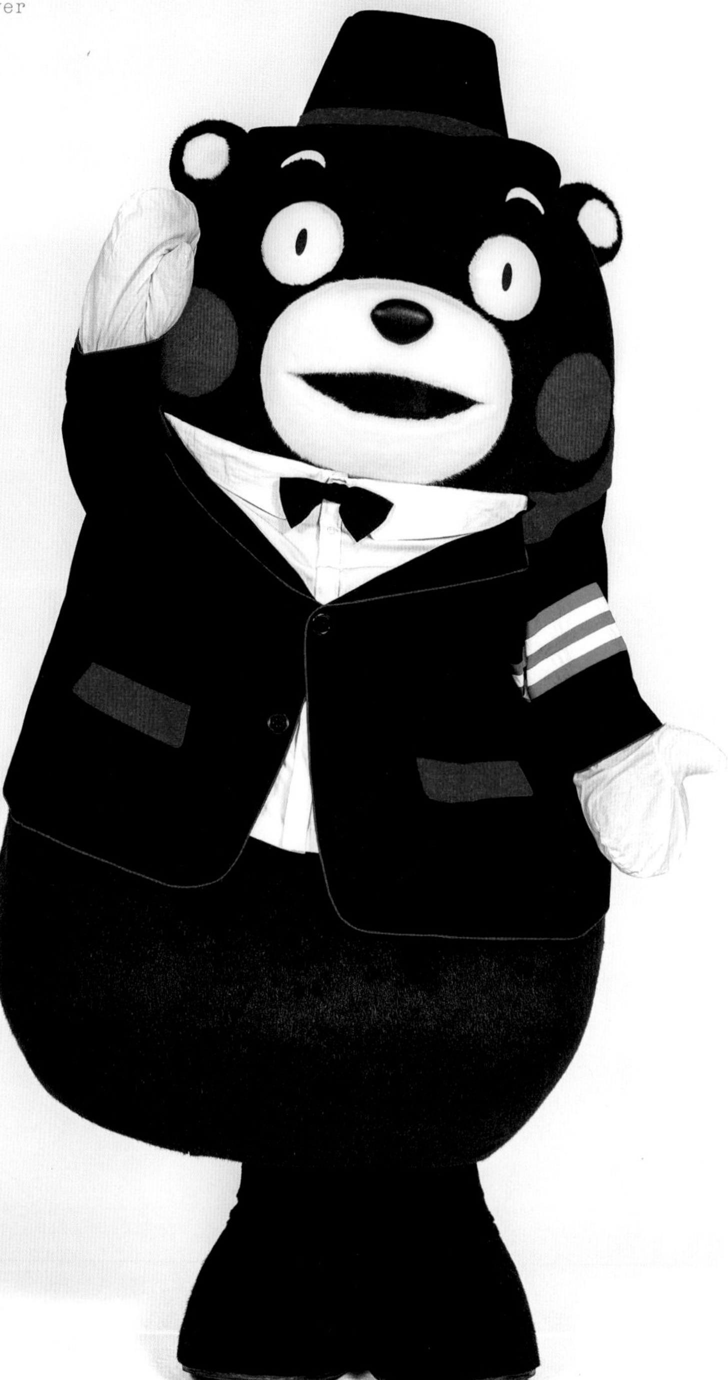

フィギュアスケート
Figure skater

アムラー風
Amurer

オーバーオール
Overalls

赤いパーカー

19

ダンス用パーカー
Hoodie

29

山鹿灯籠
Yamaga Lantern

レインコートとブーツ
Raincoat & Boots

レインコート
Raincoat

36

ハンドボール
Handball

サッカー
Football

野球
Baseball

お仕事してるんだモン

くまモンの一日

今日も張り切ってお仕事するモン

失敗は成功のもとだモン☆

なんだかおなかがすいてきたモン！

気分転換にお茶するモ～ン

せっせとお仕事するモン

今日のランチは何にするかモン？

打ち合わせだモン！　ふむふむ、なるほど……

知事とナイショの話だモン

ドアがしまりますモーン☆

ティータイムだモ〜ン

さ〜て、おそうじして帰るかモン！

前掛け

Apron

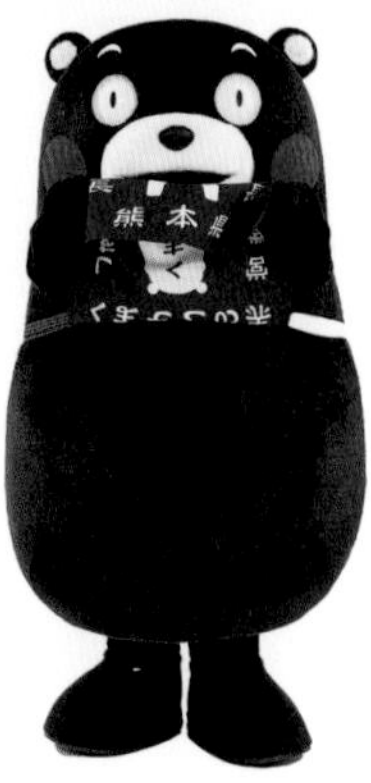

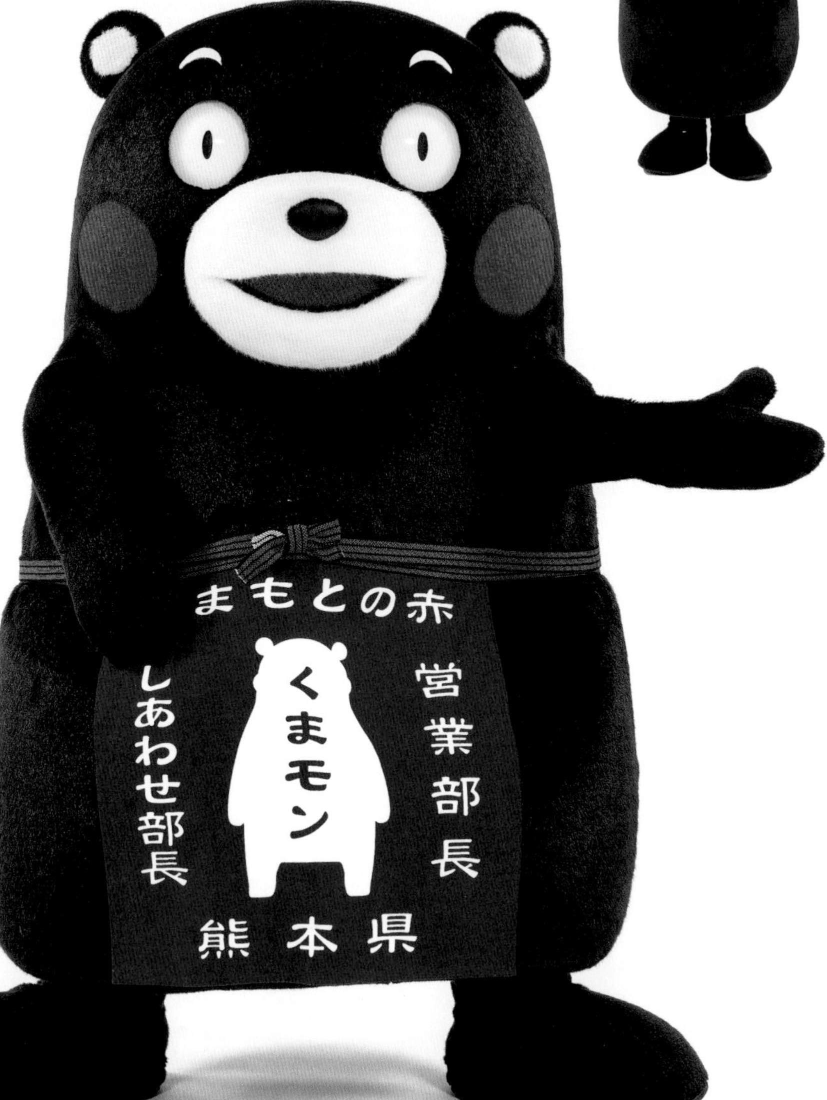

まもとの赤
営業部長
くまモン
しあわせ部長
熊本県

ハット
Hat

たすき
Sash

お休みは天草

くまモンの休日

天草にきたモ〜ン

お〜い、だモン

きもちよかモン！

崎津教会、ステキだモン

海の男、むしゃんよかかモン？

雨やどりするモン

ん？よかにおいがするモン？

じゅるり☆おいしそうなお魚だモン！

﨑津資料館みなと屋さんでお勉強したモン

時間がゆっくり流れるモン

くまモン
ポーズコレクション

くまモン忍びの術

くまモン忍者修行

うむ？

確かに怪しいものがいるモン！

エイヤッだモン

もっとすごい術もできるモン

見えてないはず…かモン？

隠れてるモン

その3 　隠れ身の術

チラッ

ヨイショ、だモン

あれれ……だモン

飛ぶモ～ン

この10年間、くまモンはいつでもどこでも全力投球でがんばってきました。
この4年間は、知名度、好感度ともに
キャラクターの中ではずっと日本一です。

くまモンが人気者になった理由は「楽市楽座の精神で、
くまモンのロイヤリティをフリーにしたこと
くまモン本人がたゆまぬ努力を続けてきたこと、
くまモンに関わるすべての人たちの愛情と情熱」という
蒲島郁夫・熊本県知事の言葉がよく表しています。

大阪で誰も振り向いてくれなかった下積み時代、
ゆるキャラ®グランプリで優勝したあのとき。世界中で受け入れられて
どんどん人気が上がったときに起こった熊本地震。
その復興において、くまモンは旗振り役としてがんばっています。
いろいろなことがあったこの10年、
くまモンはどう考えているのでしょうか。

年表

2010年

はじめての出張でドキドキしたモン
〈くまモンコメント〉

2月　「くまもとサプライズ」ロゴのおまけとして、くまモンが提案される

3月　**熊本県で臨時職員としてデビュー**

8月　初の大阪出張。「関空夏まつり」に出没

9月　大阪で「神出鬼没大作戦！」

10月　「くまもとサプライズ特命全権大使」に就任
　　　1万枚の名刺を配る使命をあずかる

11月　名刺配布に嫌気が差し
　　　大阪で失踪。蒲島郁夫・
　　　熊本県知事が緊急記者会見

12月　くまモンイラスト利用許諾申請
　　　受付スタート

2011年

1月　大阪で吉本新喜劇に、蒲島知事、
　　　スザンヌ・熊本県宣伝部長と共に出演
　　　くまモンイラスト利用許諾商品第1号「くまモン仏壇」発売

3月　初の企業コラボ商品、エースコック「スープはるさめ太平燕」発売

東日本大震災　九州新幹線全線開業。
　　　その記念セレモニーに参加する予定も、前日の東日本大震災で見送る

5月　初の海外出張で韓国へ

7月 宮城県南三陸町や東松島市を訪問、
人々を元気づける

9月 熊本県営業部長に就任
（知事・副知事に次ぐ3番目の地位）

10月 企業訪問プロジェクト開始。UHA味覚糖に飛び込み営業し、
コラボ商品「ぷっちょスティック晩白柚」の翌年発売につなげる

11月 「ゆるキャラ®グランプリ2011」で優勝

熊本で

大阪で

2012年

3月 大阪・なんばグランド花月前広場に「くまモンさん」像設置

4月 熊本県を訪問したタイのインラック首相を蒲島知事とお出迎え

7月 「エアギター2012」大阪予選大会を4位で通過。
8月の日本決勝大会出場を果たす

8月 熊本県五木村で、当時高さ日本一（地上77メートル）の
バンジージャンプに成功

9月 ご当地キャラとしては初の公式フォトブック
『熊本県営業部長くまモンだモン!!』（竹書房）を刊行

10月 東日本大震災の被災地などを訪ね、
元気を届ける「くまもとから元気をプロジェクト!」始動

11月 カゴメ「野菜生活100デコポンミックス」で全国CMデビュー

12月 米紙『ウォール・ストリート・ジャーナル』の1面に取り上げられる

2013年

1〜3月 東京、大阪、福岡で「くまモンファン感謝祭」、
熊本で「くまモン誕生祭」を開催

3月 新曲「くまモンもん」完成

4月 『熊本日日新聞』で、くまモンの4コマ漫画連載開始

©共同

5月 独シュタイフ社とのコラボ商品「テディベアくまモン」
限定1500体が5秒で完売

蒲島知事と東大の教壇に立つ。講義のテーマは
「行政の新フロンティア〜くまモンの政治経済学」

7月 仏バカラ社とのコラボ商品
「くまモン meets Baccarat」に予約殺到

7月	仏、独、英国を訪問。パリでは「ジャパンEXPO」に参加
	熊本市に「くまモンスクエア」オープン
	「第4回日本さかな検定」3級に合格
8月	独BMWグループの小型自動車ブランドMINIが くまモン顔の「くまモンMINI」を発表

10月	第5回観光庁長官表彰の大賞、グッドデザイン賞受賞
	天皇、皇后両陛下（現・上皇ご夫妻）が熊本県庁で 「くまモン展」を見学。両陛下の前でくまモン体操を披露
	「赤いけん!ウマいけん!くまもと」キャンペーンによる、ほっぺ探しを展開
11月	蒲島知事と米ハーバード大で講演
	大分県・高崎山自然動物公園で、当時のボスざる、ベンツと対面
12月	「2013ユーキャン新語・流行語大賞」でトップテンに 入った「ご当地キャラ」を代表し、表彰式に登壇
	日本銀行熊本支店が、2011年11月から13年10月までに、 くまモンが熊本県にもたらしたパブリシティー効果を90億円、 経済波及効果を1244億円と発表
	NHK「紅白歌合戦」にゲスト出演

2014年

1月	**熊本県営業部長兼しあわせ部長に就任。** 届いた年賀状が7000枚を超える
2月	タカラトミーの着せ替え人形リカちゃんとのコラボ商品が発売
3月	誕生日にGINZA TANAKAから1億円相当の 純金製くまモンがお披露目される
5月	『少年ジャンプ』に無断でイラストが掲載されたため、 集英社を訪れ、説明を求める
6月	くまモンの表記やイラスト付き商品の海外販売を解禁
7月	「くまもとから元気をプロジェクト!」で秋田県を訪れ、47都道府県を制覇
10月	あくびをしたり、眼鏡をかけるくまモンのイラスト、新デザイン42種類発表
11月	米口コミマーケティング団体の エンゲージメント賞銅賞を受賞、ハリウッドを訪問

2015年

1月	エクササイズ「くまモン4Uメソッド」でダイエットを目指す
3月	ダイエットに失敗したため、営業部長代理に降格
5月	仏カンヌ国際映画祭に登場。くまモン主演のショートフィルム 「くまもとで、まってる。」「ふるさとで、ずっと。」を上映
	スペイン初訪問
	台湾・台北に初の常設カフェ「KUMA Cafe」がオープン

	6月	営業部長に復帰
	9月	日本赤十字社のイベントで自動体外式除細動器（AED）を使った心肺蘇生法を学ぶ
		『くまモン！英和・和英じてん』（学研教育出版）発売
	10月	伊ミラノ「国際博覧会」に参加
		米サンアントニオを訪問し、名誉市民の称号を授与される

2016年

	2月	京急電鉄でくまモンデザインの「くまもと号」運行。首都圏では初
	3月	JR熊本駅が「くまモン駅」になる（期間限定）
		香港で、海外初となる「くまモンファン感謝祭」開催
	4月	「くまモンスクエア」の来館者が100万人を突破

熊本地震発生

		生みの親、小山薫堂氏と水野学氏が復興支援「FOR KUMAMOTO PROJECT」を立ち上げ、ロゴを発表
	5月	3週間ぶりに活動再開。熊本県西原村や益城町の避難所などを訪問
		大阪のアンテナショップ「熊本よかもんSHOP」に支援のお礼訪問
		東京のアンテナショップ「銀座熊本館」に支援のお礼訪問
		東日本大震災で被災し、修復中の福島県白河市の小峰城を視察
	6月	復興のシンボルマーク「がんばるけん！くまもとけん！」を発表
	9月	サッカー元イングランド代表のデービッド・ベッカムが「マリーナベイ・サンズ 熊本応援フットサルマッチ」に登場、熊本の国体選抜チームと首都圏大学チームの試合を観戦。くまモンはベッカムに熊本の特産品である梨を渡した
	11月	ラグビーや東京五輪を想定したスポーツイラストなど新イラスト13種類発表
		「くまもとから感謝をプロジェクト！」で地震の復興支援に感謝を伝えるため、以降、2年間で全都道府県を回った
	12月	蒲島知事とともにケネディ米駐日大使を公邸に訪問 くまモンはケネディ大使とダンスを踊る
		東京証券取引所の「大納会」に特別ゲストとして登場
		「紅白歌合戦」に出場、けん玉を決めて周囲を驚かせる

> 【蒲島県知事コメント】
> 震災を振り返り「熊本には3つの宝があります。阿蘇と熊本城とくまモンです。阿蘇と熊本城は傷つきましたがくまモンは元気です」と発言

2017年

	2月	サントリー「プレミアムボス」のCMに忍者姿で登場
	3月	くまモンファッション写真集『モン・コレ』発売
		蒲島知事とともに日本外国特派員協会で記者会見

	3月	2017年度のフランス観光親善大使に就任
		タイのバンコクで「くまモンファン感謝祭」開催
	9月	大阪の阪急うめだ本店で「大くまモン展」開催
	10月	三重県のなばなの里が復興支援のイルミネーションを大々的に。 くまモンも数度訪問

2018年

	3月	夏祭りに参加するため豪メルボルンを訪問
		世界各地の訪問を記録した写真集『ワールド・モン』発売
	5月	東大五月祭(東京大学園祭)に、熊本の五高の制服で登場
	6月	東大先端科学技術研究センターの研究員に任命される
	7月	プロ野球「マイナビオールスターゲーム」 第2戦が熊本で開催。応援に駆けつける
		小学館の学習まんが偉人伝シリーズに登場
	9月	「ぽすくま&くまモン」切手および「おたよりセット」発売
	10月	熊本版図柄入り自動車用ナンバープレートの交付開始
		2019年に熊本県で開催される 女子ハンドボール世界選手権をPRするためスポーツ庁を訪問
	11月	東京・浅草の花やしきで開催される「くまもとナイトストーリー」の PRイベントで、オープニング点灯式に駆けつける
	12月	『週刊女性』(主婦と生活社)人間ドキュメントに取り上げられる

2019年

	1月	NHK「プロフェッショナル 仕事の流儀」に スーパー地方公務員として登場
		デンマークを訪問、フレデリック皇太子とのツーショットが話題に
	2月	仏ロクシタン社とのコラボチャリティ商品「くまモンシア」発売
	3月	2018年のくまモン関連商品の売り上げが1500億円を超えたと発表
	5月	4月に発生した仏ノートルダム大聖堂一部焼失のために くまモンチャリティグッズが販売され、売り上げを全額寄付へ
	9月	熊本市街地「SAKURA MACHI Kumamoto」に、 「くまモンビレッジ」オープン
	11月	熊本で行われた2019女子ハンドボール世界選手権大会を 全力で応援
		英雑誌『MONOCLE』日本特集で表紙に。中にも記事が満載

2020年

	1月	10周年ロゴ、イラスト利用開始
	3月	デビュー10周年を迎える

28~29 手袋とアップリケ
色とりどりの手袋があるんだモン

30 山鹿灯籠
山鹿灯籠祭りに合わせて。頭に乗せられるのは女の子だけだが、くまモンは特別に

31 フェイスペイント
くまモン誕生祭などで、おめかしを

32 赤いめがねとマフラー
マフラーはフランスでプレゼントされた

33 防災服
2019年5月の「総合水防演習」で着用

34 レインコートとブーツ

35 レインコート
雨の日も楽しく

36 レインコート

37 レインコート

38 ジャポライズ
大阪ファン感謝祭では恒例。会場を巻き込んでのダンス時に

39 くまモンスクエアTシャツ

39 くまモンスクエアTシャツ
熊本市のくまモンに会えるスポット「くまモンスクエア」の衣装

39 くまモンスクエアパーカー

40 ハンドボール

40 ハンドボール
2019年11月の「2019女子ハンドボール世界選手権大会」のPRで着用

40 ハンドボール

提供:熊本県ハンドボール協会

41 ハンドボール（hummel）

42~43 ラグビー
ラグビーワールドカップを応援

44 サッカー（日本代表2018年）

45 サッカー（日本代表2017年）
地元のみならず全国でもサッカーを応援

46 サッカー
（ロアッソ熊本）

47 バドミントン

世界的選手とも対戦

48~49 バスケットボール
（熊本ヴォルターズ）

始球式にも
登場

50 室内用
運動靴

「2019女子ハンドボール
世界選手権大会」に
合わせて

51 金栗四三

日本マラソンの父
「金栗四三」をはじめ、
熊本県玉名
地域の
PR時に着用

52 野球

2018年7月、
熊本初開催
「マイナビ
オールスター
ゲーム2018」
で着用

62 冬の
おでかけ着

王子様風に
キメて

63 赤法被

熊本県産の
「赤いうまかもん」を
PRする時に

64 前掛け

営業用に大活躍

65 いぐさ法被

熊本はい草の
生産量が日本一。
本物の
ござと
乾燥い草を
使用した
一着

66 ワンピース
ルフィ

「ONE PIECE熊本復興
プロジェクト」の
一環でルフィとの
コラボが実現。
復興に進む
熊本の
姿を発信

67 ハット

2020年の東京ファン
感謝祭でクイズで着用

68 たすき

熊本国際
スポーツ大会
アンバサダー
に就任

69 ダウンベスト
（モンベル）

モンベルとコラボ

70~71

鬼

節分のときに着用
提供：日本コロムビア

72~73

くまモンビレッジ

2019年9月に
オープンした
「くまモンビレッジ」
専用衣装。
コンセプトは、
「タカラモノを
見つけよう」

profile

くまモン KUMAMON

2010年2月、翌年の九州新幹線全線開業を見据えた「くまもとサプライズ」キャンペーンのロゴと一緒に「おまけ」として誕生。同年10月、くまもとサプライズ特命全権大使に就任。11年9月、蒲島郁夫熊本県知事より、熊本県営業部長に抜擢される。同年11月「ゆるキャラ®グランプリ2011」で優勝し、快進撃がはじまる。13年7月には熊本市中心市街地に「くまモンスクエア」がオープン。活動拠点、ファンの聖地として来場者は250万人を超えている(2019年4月現在)。14年1月、熊本県しあわせ部長を兼任。16年4月の熊本地震発生後は一時活動を自粛するも、5月5日から避難所の訪問を始め、現在も復興支援のお礼や熊本のPRに各地を訪問する。海外での人気も高く、17年度のフランス観光親善大使に就任。関連グッズの売り上げは11年に約25億円、18年には過去最高の1505億円超を記録。19年にはキャラクター認知度、好感度ともに4年連続日本一に輝いた。

撮影	宮井正樹
	武市公孝(毎日新聞出版 p.7〜9,12,14〜15,18,67、奥付)
企画・構成	亀山早苗
編集	菊地香、藤江千恵子(毎日新聞出版)
装幀	坂川朱音
本文デザイン	坂川朱音+田中斐子(朱猫堂)
校正	加藤初音(駿河台企画)
協力	熊本県、(株)RKKメディアプランニング

©2010熊本県くまモン

ミラクルくまモンコレクション

印　　刷	2020年3月5日
発　　行	2020年3月20日
編 著 者	モン・コレ製作委員会 <small>せいさく いいんかい</small>
発 行 人	黒川昭良
発 行 所	毎日新聞出版
	〒102-0074 東京都千代田区九段南1-6-17 千代田会館5階
	営業本部　03-6265-6941
	図書第一編集部 03-6265-6745
印刷・製本	光邦